AF438300

SUR LA

CRISE ACTUELLE

DE LA SOCIÉTÉ,

PAR

M. MAILLET-LACOSTE,

PROFESSEUR HONORAIRE DE LA FACULTÉ DE CAEN,

Ancien élève de l'École polytechnique ; membre des Académies de Caen, de Rouen, du Gard ; chevalier de la Légion d'honneur.

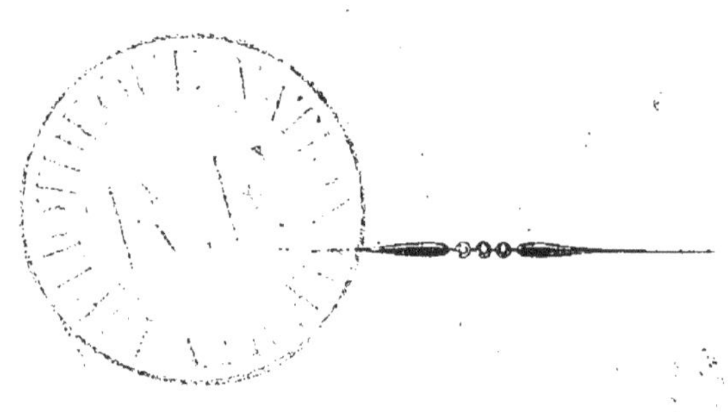

PARIS,

TYPOGRAPHIE DE FIRMIN DIDOT FRÈRES,

IMPRIMEURS DE L'INSTITUT, RUE JACOB, 56.

—

1850.

PRÉAMBULE.

Ce préambule se composera de trois lettres, dont les deux dernières, purement politiques, feront aisément pressentir dans quel esprit j'ai fait ces pages.

1°

A MONSIEUR GUIZOT.

Paris, 20 janvier 1850.

Scindit se nubes, et in æthera purgat apertum.
Restitit Æneas, claraque in luce refulsit.

VIRGILE.

« La nue s'entr'ouvre, et s'évanouit. Énée apparaît alors dans une éclatante lumière. »

MONSIEUR,

Ces paroles exprimeraient parfaitement pour un écrivain la soudaine apparition de cette pensée ou de cet ensemble de pensées, qu'il cherchait péniblement d'abord, comme à travers un nuage. C'est ce que j'ai récemment éprouvé. Je voulais une suite à mon écrit sur la souveraineté nationale, et je cherchais. Mais je cherchais en vain, parce que les mêmes douleurs physiques, dont je voulais me distraire par ce travail, m'en rendaient incapable. Votre lettre du 15 décembre 1849, si flatteuse pour moi dans mon obscurité, est venue les suspendre pendant plusieurs heures; et c'est dans cet intervalle que m'a été comme révélé, presque en entier, cet écrit, dont j'aime à vous faire hommage.

Agréez, etc.

2°

A MONSIEUR E. DE GIRARDIN.

25 avril 1850.

Monsieur,

Je regrette que, dans un journal aussi remarquable que le vôtre par le courage civil comme par le génie politique, vous vous soyez montré l'esclave d'un parti, en ne proclamant pas la candidature et les titres de M. A. Leclerc. Mon vœu toutefois est, qu'après la réussite de cette candidature, notre assemblée législative s'enrichisse au plus tôt d'un homme tel que vous, ainsi que de M. Guizot. Bien loin de vous combattre, vous ne tarderiez pas à vous unir, pour combattre ensemble un monstre informe, horrible, *aveugle*, que je vois surgir à l'horizon dans des proportions immenses (Monstrum horrendum, informe, ingens, *cui lumen ademptum*. Virgile); monstre devant lequel de très-nobles esprits s'inclinent, à leur insu peut-être, alors même qu'ils se croient les successeurs de ces écrivains courageux qui, dans d'autres temps, bravaient parfois le pouvoir en faveur de l'humanité.

Agréez, etc.

3°

A M. EUGÈNE SUE,

Compétiteur de M. LECLERC pour la représentation nationale.

25 avril 1850.

MONSIEUR,

Votre imagination, si variée et si brillante, a-t-elle jamais créé un caractère plus héroïque que celui d'un père qui, voyant son fils aîné tomber à ses côtés dans la plus effrayante bataille, court chercher son second fils pour le remplacer, et, toujours imperturbable, continue à donner l'exemple du courage? Votre noble cœur ne vous dirait-il pas enfin que vous incliner, par votre désistement, devant un tel héroïsme, ce serait vous y associer; que la capitale de la France en deviendrait vraiment le modèle, mériterait plus que jamais l'admiration du monde, si au scrutin du 28 avril tous les partis, qui la divisent, n'en formaient plus qu'un seul pour honorer un de ses enfants, si digne des anciennes républiques dans leurs plus beaux jours?

Agréez, etc.

LA CRISE ACTUELLE

DE LA SOCIÉTÉ.

Lorsque je me représente César qui, en face de cette brillante milice sénatoriale, à la tête de ces vieilles bandes victorieuses des Gaules, leur crie avant la bataille, *Frappez au visage ;* sa victoire ne m'explique que trop bien le triomphe de ces barbares qui devaient, quatre siècles après, changer la face du monde : de même que cette grande révolution pourrait aujourd'hui nous en faire pressentir une autre bien plus terrible, du moins dans sa première explosion ; mais surtout bien plus rapide. En effet, ces barbares n'avaient point une tactique savante au service de leur courage. Ils venaient de loin. Ils eurent à surmonter une foule d'obstacles, que leur opposaient la nature et l'art. Que serait-ce maintenant, si des hommes aussi rompus à la discipline que les soldats de César, aussi endurcis aux travaux que ces soldats et ces barbares, aussi intrépides dans les combats, mille fois plus altérés de liberté et d'égalité, armés tout ensemble du droit de suffrage et de la puissance du nombre dans la cité, venaient à surgir tout à coup du sein d'un grand peuple civilisé, à éclater de toutes parts , avec cet ensemble et cet élan qui résultent de la communauté de la misère? C'est en frissonnant à un tel spectacle que j'ai trouvé l'appendice de mon écrit sur la souveraineté nationale.

Je soupçonne que le système de patronage des anciens Romains, régularisé par la science de nos économistes, vivifié par les inspirations du christianisme, pourrait entrer pour beaucoup dans la solution du redoutable problème qui préoccupe tant d'esprits éminents. J'ai dit les inspirations du christianisme. Pour qu'il fût en effet possible de réaliser une pacification si urgente entre les classes supérieures et les classes inférieures, il faudrait que les premières en posassent résolûment les préliminaires par des sacrifices. De même que l'attribut distinctif du soldat doit être le courage, il faudrait que désormais l'attribut distinctif du riche fût la bienfaisance. Riches de toutes les nations, c'est par l'héroïsme du dévouement qu'au point où nous sommes arrivés, vous pourriez prévenir des catastrophes inouïes dont les premières victimes seraient vous-mêmes. Moins d'opulence sans doute, mais plus de sécurité et d'honneur, je dirai même cette considération immense qui s'attache aux bienfaiteurs des nations; tel pourrait être votre partage dans cette civilisation que vous auriez si noblement raffermie, et, pour ainsi dire, régénérée. La société, en effet, n'offrirait

plus deux camps qui se menacent, deux peuples ennemis sous le même nom. Elle deviendrait un seul peuple
fortement uni, qui n'aurait plus pour ennemis que les
méchants; il y en aura toujours. Je suis loin de pro-
phétiser à notre humanité la perfection sur la terre.
Mais je dirai qu'autant la généralité des hommes est
prompte à se soulever contre ceux qui l'oppriment ou
la dédaignent, autant elle est disposée à se presser
avec amour autour de ceux qui la protégent ou la mé-
nagent. Sous le charme de votre magnanime conduite, tant de malheureux, qui rêvaient une égalité
de bien-être impossible, oublieraient leur rêve dans
leur reconnaissance. Sous le charme de votre magnanime conduite, tant d'âmes ardentes, qu'exaspé-
rait leur misère, apprendraient à réprimer cette im-
patience d'être mieux, qui fait qu'on est plus mal. Les
sentiments généreux dont vous auriez donné l'exemple, l'idée auguste du devoir, se propageraient, s'af-
fermiraient avec l'aisance générale, votre ouvrage.

Est-il besoin que je dise maintenant combien je gé-
mis pour la cause de la liberté elle-même, lorsque je
vois pulluler de toutes parts ces tribuns à la tête haute,
aux ignobles instincts, qui ne parlent d'humanité que
la rage dans le cœur, qui n'aiment le peuple que comme
un instrument; tyrans absurdes qui, après avoir proclamé si haut le principe du suffrage universel, ne
craignent pas de déclarer que ce principe ne pourrait
prévaloir contre l'existence de la république; laissant
ainsi échapper ce secret de leur ambition délirante,

qu'il suffirait que quelques-uns d'entre eux persistas-
sent à vouloir la république, pour que la nation française fût obligée de la subir (1); novateurs hypo-
crites qui, plus artificieux mais non moins féroces
que leurs horribles prédécesseurs de 93, voudraient
se servir de la religion pour détruire la société,
sauf à la reconstituer violemment sur de nouvelles
bases qu'ils ne connaissent pas encore; comme si cette
même religion, qui prescrit la bienfaisance aux riches,
ne prescrivait pas la patience aux pauvres! Si elle re-
prenait l'empire qu'elle avait sur les cœurs lorsqu'elle
n'en avait aucun dans les conseils des rois et des nations, elle rendrait bien moins terrible cette période de
transition, où ceux qui souffrent sont trop prompts à
méconnaître les intentions les plus pures de ceux qui
cherchent un remède à leurs souffrances. Par les sou-
lagements prodigués, autant que possible, à toutes les
misères, par le noble élan imprimé à toutes les âmes,
elle viendrait au moins répandre un baume sur tant de
plaies saignantes du corps politique, qui arriverait ainsi
sans douleurs atroces, sans convulsions, au moment
heureux où le génie aurait trouvé un remède. Mais
c'est cette religion encore qui, sous le point de vue politique, pourrait le mieux aider le génie de l'homme à
réaliser quelques-unes au moins des magnifiques es-
pérances qu'a osé concevoir son orgueil.

J'aurai ici besoin de quelques développements pour
mettre ma pensée dans tout son jour.

(1) Voyez la note A.

Si, au point surtout de civilisation où nous sommes arrivés, la majorité d'un peuple ordonnait le partage égal des biens entre tous les habitants du pays, ce serait là un acte, non de législateurs, mais de brigands. La minorité pourrait bien être forcée, mais non pas obligée d'obéir. Quant à cette majorité, qui aurait fait un si coupable usage du suffrage universel, elle ne tarderait pas à trouver son châtiment dans la misère, dans la ruine universelle. Or, cet acte de brigandage serait le *communisme* réalisé ; ce communisme, rêvé par des esprits pervers qui, ne se bornant pas à des théories comme les anciens philosophes, se sont d'abord enveloppés du mystère, pour appeler ensuite la force en aide à leur système. Énergiquement réprouvés, flétris par l'immense majorité de l'intelligente et généreuse nation française, ils ont promptement substitué à ce mot de communisme, qui les trahissait, celui de socialisme, susceptible en effet d'un sens que la morale avoue. Aussi de sincères amis de l'humanité se sont empressés et s'empressent encore de l'adopter, comme un signe de ralliement. Mais, je les en conjure, qu'en l'adoptant ils se hâtent de le définir, de l'expliquer. Je les en conjure au nom de cette humanité qui les inspire ; puisque souvent, dans ce monde, on s'est égorgé pour des mots mal définis, mal expliqués. Qu'ils s'interrogent profondément eux-mêmes... Eh bien ! quel sentiment, quel vœu répond, au fond de leur âme, à ce mot de socialisme ? Le vœu, sans doute, que le bien-être de la société en général s'accroisse autant que le permettent les forces humaines, et se fasse sentir à chacun autant que le permettent encore les droits sacrés de la propriété (1). Dès lors un abîme entre le socialisme et le communisme, puisque le premier, ainsi expliqué, tendrait sans cesse à stimuler l'activité humaine par la perspective de sa récompense ; le second, au contraire, à l'éteindre par la perspective que le talent serait tributaire de la médiocrité, le travail de la paresse, toutes les vertus de tous les vices. Dès lors aussi une étroite alliance entre le socialisme (toujours ainsi entendu) et le christianisme, religion d'héroïsme et d'amour, qui viendrait l'épurer encore, soit qu'il faille prévenir la misère, en combattant les vices ; soit qu'il faille la soulager, en inspirant, avant tout, la bienfaisance, si digne d'avoir toutes les autres vertus pour cortége : religion qui, à mesure que nous avançons vers un si ténébreux avenir, semblerait revêtir un caractère plus sensiblement providentiel ; puisque les hommes les plus éloignés de croire à tous ses dogmes, se pénétrant plus que jamais de son esprit, deviennent chrétiens du moins par la bienfaisance, mot que j'aime à répéter. Les sublimes inspirations du christianisme ! tel est le souffle heureux qui, nous emportant bien au delà de ce cap des tempêtes, autour duquel nous nous débattons dans une si grande terreur, pourrait nous placer, comme sous un nouveau ciel, en possession d'une liberté sans orages ;

(1) Voyez la note B.

je veux dire, d'une liberté non moins victorieuse des agitateurs qui la compromettent, que des puissances qui l'oppriment. Ce serait l'âge viril de la société humaine, échappant enfin à cette alternative, d'être ou l'esclave ou le tyran de ses grands hommes (1).

Alors s'agrandirait, dans des proportions infinies, le tableau tracé dans ces deux vers, qui m'ont servi de début :

Scindit se nubes, etc.

Je dirais, non plus pour les traduire, mais pour traduire ma propre pensée du moment :

« La nue s'entr'ouvre, et s'évanouit. Le monde renouvelé resplendit dans une lumière immense. »

(1) Voyez la note C.

NOTES.

Note A,

Relative à ces paroles :

« Tyrans absurdes qui, après avoir proclamé si haut le
« principe du suffrage universel, ne craignent pas de déclarer
« que ce principe ne pourrait prévaloir contre l'existence de la
« république; laissant ainsi échapper ce secret de leur ambition
« délirante, qu'il suffirait que quelques-uns d'entre eux persis-
« tassent à vouloir la république, pour que la nation française fût
« obligée de la subir. »

Mon vœu est que la nation française, autant pour son honneur que pour son repos, persiste dans cet essai d'une république jusqu'à l'époque si prochaine, désignée par la loi, pour
une révision. Si l'assemblée, envoyée par le suffrage universel
pour ce grand acte, venait à préférer une tout autre forme de
gouvernement, les plus ardents promoteurs du suffrage universel devraient être les premiers à obéir; ils ne pourraient re-
courir aux insurrections sans inconséquence et sans crime.
Leur inconséquence serait de résister à leur propre loi; leur
crime, de s'exposer à prolonger nos misères, en voulant subs-
tituer par la force la souveraineté d'une minorité factieuse à
cette souveraineté nationale, que le bon sens nous indique,
plus que jamais, *comme le signe de ralliement pour tous les
partis, comme l'ancre dans la tempête.* (Paroles de mon écrit
sur la souveraineté nationale.)

Sans doute, une génération n'a pas le droit d'enchaîner indéfiniment les suivantes à un gouvernement de son choix. Aussi, dans ce même écrit, j'exprime le vœu qu'une constitution présente, comme son appendice nécessaire, une loi qui trace la marche à suivre pour la changer; puisqu'il faut bien qu'une constitution puisse être paisiblement réformée par des législateurs, pour ne pas être brisée tôt ou tard par des insurrections, digne châtiment de la génération ambitieuse qui prétendrait imposer son œuvre à perpétuité aux générations futures.

Note B,

Relative à cette phrase :

« Je le demande aux sincères amis de l'humanité : Quel sen-
« timent, quel vœu répond, au fond de leur âme, à ce mot de
« socialisme? Le vœu, sans doute, que le bien-être de la so-
« ciété en général s'accroisse autant que le permettent les for-
« ces humaines, et se fasse sentir à chacun autant que le per-
« mettent encore les droits sacrés de la propriété. »

Les droits sacrés de la propriété ! Ici la loi pose la règle, la religion la consacre; mais, par son précepte d'amour, elle met à cette règle une restriction sublime, qui fait du riche le protecteur du pauvre. A la vue de tant de maux qui menacent de s'accroître encore, il reste à désirer que la loi civile subisse plus que jamais l'influence de la loi religieuse; que, substituant ses dispositions permanentes aux dispositions transitoires d'un bienfaiteur, elle se fasse elle-même la constante bienfaitrice des classes malheureuses; qu'ainsi la répartition de l'impôt et l'organisation du travail (toujours sans nuire aux droits sacrés de la propriété) viennent effacer jusqu'aux derniers vestiges de cette servitude antique, le crime des législations païennes.

———

Note C,

Relative à cette phrase :

« Ce serait l'âge viril de la société humaine, échappant enfin
« à cette alternative, d'être ou l'esclave ou le tyran de ses
« grands hommes. »

La Grèce, sous Alexandre ; Rome, sous César ; la France, sous Napoléon, voilà bien la société esclave de ses grands hommes. Cette foule de grands hommes, proscrits par le peuple d'Athènes et par le peuple de Rome, voilà bien la société tyran de ses grands hommes. La civilisation aura fait un grand pas, lorsque la société n'aura point à trembler devant l'homme supérieur, quel que soit son génie militaire et politique, et lorsque cet homme supérieur n'aura point, par suite de sa supériorité même, à trembler devant la société. Ordre sans despotisme, ce qu'on ne vit pas sous Alexandre, César et Napoléon ; liberté sans ostracisme, ce qu'on vit si rarement dans les républiques d'Athènes et de Rome : tel est le double but que doit se proposer toujours l'habile législateur.

APPENDICE.

Pour varier ici nos aperçus, et même pour les compléter, envisageons maintenant, non plus le monde politique, mais le monde littéraire, qui, bien ordonné lui-même, pourrait exercer sur le monde politique une si heureuse influence, pourrait mériter surtout cet éloge, donné par un grand peuple de l'Orient à un de ses grands princes : Il a gouverné comme le ciel (c'est-à-dire, sans bruit).

Liberté sans ostracisme, avons-nous dit. Ce beau phénomène, si rare dans les démocraties, serait-il plus commun, grand Dieu! dans cette république des lettres, où le génie isolé a tant d'obstacles à craindre de la part et des médiocrités jalouses, et de plusieurs talents depuis longtemps connus, toujours prêts à s'unir, à se liguer contre un talent nouveau, tandis qu'il leur suffirait le plus souvent de lui opposer la conspiration, si facile, du silence ? J'avoue que de tels obstacles n'existent pas, ou seraient bien faibles pour cet auteur dramatique qui, secondé des acclamations de tout un peuple, peut se frayer, comme de vive force, un chemin vers la gloire, trouver même, comme notre Corneille, dans les résistances d'une académie et d'un grand ministre, un moyen de l'obtenir plus belle. J'avouerai encore que d'illustres exemples viennent ici, par intervalle, sauver l'honneur de la nature humaine. Ainsi, à Voltaire, s'inquiétant des succès de Beaumarchais comme un vieux monarque soupçonneux qui tremblerait pour son trône, on pourrait opposer Fontanes, préparant les voies à Chateaubriand qui venait l'éclipser. Mais pourrait-on dire aussi, comme cet écrivain (1), qui venait de se faire un nom, à juste titre, que c'est une chose nécessaire, fatale, que l'homme d'un grand génie se fasse un nom malgré tous les obstacles? Je crains bien que chez un auteur applaudi (cet écrivain l'était beaucoup alors), une telle opinion ne soit l'une de ces surprises, de ces illusions de l'amour-propre heureux. Sur quelles lois de notre nature s'appuierait en effet une décision si hardie? Eh! n'est-ce pas plutôt la dure loi de notre humanité, dans cette première existence, dans cette existence d'épreuve, de ne pouvoir obtenir toujours ce qu'elle mérite? Pourquoi y aurait-il une exception pour la gloire? Reconnaissons donc que, si on peut l'obtenir, pour un temps du moins, sans la mériter, on peut la mériter sans l'obtenir jamais. De là de ces douleurs qui, dans les nobles âmes incapables de descendre à l'intrigue, étouffent les facultés intellectuelles bien plutôt qu'elles ne les éveillent; de ces douleurs qu'il faut concentrer en soi-même,

____

(1) M. Cousin, dans ses Leçons à la Sorbonne.

parce que, dans notre France surtout, bien loin de les plaindre, on les plaisante. Ainsi, dans ce domaine des lettres, l'ostracisme peut frustrer le génie de sa gloire pour toujours et sans compensation; tandis que, dans ces républiques anciennes, il n'enlevait souvent au grand homme sa patrie que pour un temps, en augmentant sa gloire.

FIN.

AUTRES OUVRAGES DE L'AUTEUR.

1° RECUEIL in-8° de 400 pages, publié en 1821, d'après la demande et une souscription de ses élèves de rhétorique du collége de Rouen.

Ce recueil, qui n'existe plus aujourd'hui dans la librairie, a été ainsi jugé par Dussault, dans le *Journal des Débats* du 17 avril 1822 :

« Ce volume renferme un grand nombre de morceaux écrits
« en divers temps, et tous remarquables par la sagesse des vues
« et par l'éclat du talent. Quelques-uns étaient des actes de
« courage aux époques où ils furent publiés; et il n'en est au-
« cun dont le sujet n'éveille l'attention, qui ne promette de l'in-
« térêt et ne tienne sa promesse. Le recueil est précédé d'une
« préface, qui n'en est pas un des moindres ornements, et dans
« laquelle éclatent toute la verve, tout le feu et toute l'imagi-
« nation qu'on trouve avec tant de plaisir dans les autres com-
« positions de l'auteur. »

2° MÉLANGES LITTÉRAIRES; beau volume grand in-8° de 305 pages, impression Didot; chez Amyot, rue de la Paix, 12; chez madame Moreau, galerie Valois, 182; chez madame Valois, rue de la Verrerie, 59.

Dans ce second recueil, que l'auteur destinait surtout à la jeunesse studieuse, il a eu l'attention de ne faire entrer que des pièces honorées d'avance du suffrage des nombreuses assem-blées d'élite qui les avaient entendues à Caen, et de plusieurs esprits éminents qui avaient daigné les lire à Paris. L'une de ces pièces est un discours sur Bossuet, prononcé en trois séances, en 1826. L'auteur citera ici de préférence un fragment de lettre d'un membre de l'Institut, M. Jomard ; parce que la louange, que lui accorde cet académicien distingué, est certainement celle qu'il ambitionnerait le plus : ce serait d'avoir présenté, sous son vrai jour, le caractère de Bossuet. Il aurait par là servi ces âmes affectueuses, pour qui le premier besoin est toujours de pouvoir aimer celui qu'elles admirent.

(Lettre de M. Jomard du 22 mars 1847) :

« . . . . . Je n'avais pas lu d'étude aussi approfondie sur Bos-
« suet : tout le monde avait loué son génie ; nul n'avait apprécié
« son caractère ; il n'avait jamais rencontré d'avocat plus ha-
« bile, de juge plus équitable. »

3° DE LA SOUVERAINETÉ NATIONALE, impression de Didot.

LETTRE de M. Maillet-Lacoste à M. Guizot, en lui faisant hommage de cet écrit sur la *Souveraineté nationale* et du volume de ses *Mélanges*.

« Paris, 13 décembre 1849.

« Monsieur ,

« J'hésitais toujours un peu à vous communiquer mes faibles
« essais lorsque vous étiez au pouvoir. J'hésite beaucoup moins
« depuis que vous en êtes sorti. Dans les loisirs que vous ont
« faits nos désastres, vous lirez peut-être en entier cet écrit sur
« la *Souveraineté nationale*, et même ce volume de mes *Mé-*
« *langes littéraires*.

« Monsieur, sortir du pouvoir comme vous l'avez fait, ce
« n'était pas descendre ; c'était rester à votre hauteur, qui m'a

« paru immense, lorsque tout croulait si rapidement dans notre
« malheureuse patrie.

« Agréez, etc.

« MAILLET-LACOSTE. »

RÉPONSE.

« 15 décembre 1849.

« MONSIEUR,

« Je vous remercie d'avoir songé à m'envoyer vos belles
« pages. J'en connaissais déjà quelques-unes. Vous avez con-
« servé le secret de l'excellent langage pour les grandes pen-
« sées; secret qui se perd tous les jours. Quand les esprits
« commenceront-ils à remonter? Nous sommes bien près des
« plus bas-fonds.

« Agréez, etc.

« GUIZOT. »

www.ingramcontent.com/pod-product-compliance
Lightning Source LLC
Chambersburg PA
CBHW061454050726
47593CB00004B/1616